Georges HOUBRON.

PREMIÈRES RIMES

LILLE,
IMPRIMERIE L. DANEL.

1886.

PREMIÈRES RIMES.

Georges HOUBRON.

PREMIÈRES RIMES

LILLE,
IMPRIMERIE L. DANEL.

1886.

DÉDIÉ A MON PÈRE.

Georges HOUBRON.

PROLOGUE AU LECTEUR.

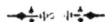

Lecteur fantastique et terrible,
Qui vannes, dans tes jeux railleurs,
Nos rêves fous d'écrivailleurs,
Comme l'orge à travers un crible,

Te voilà juge de mes vers.
Lis, pourvu que celà t'amuse,
Et sois indulgent pour ma muse,
Qui rime parfois de travers.

Dis-toi bien qu', Agnès pudibonde,
Elle craint les regards narquois,
Et que c'est la première fois
Que je la conduis dans le monde.

J'ai commencé ce livre obscur
Alors qu', écolier anathème,
Loin du pensum et loin du thème
J'épiais des mots dans l'azur.

Hugo fut tout d'abord mon maitre ;
(Dans quel cœur n'a-t-il pas régné?)
Et mon vers s'en est imprégné,
Comme tu peux le reconnaitre.

Dans Lamartine et dans Musset,
Beaux lacs aux molles sérénades,
J'ai fait de douces promenades,
Lorsque ma voile m'y poussait.

Depuis, suivant ma fantaisie,
J'ai dû, pour varier mes chants,
Deci, delà, dans d'autres champs,
Mener paitre ma poésie.

Cherches-y donc ce qui fut mien,
Et ne sois pas impitoyable
Si, dans mon sac de pauvre diable,
Tout déduit, il ne reste rien.

SOLEILS DE JUIN.

En juin, vers le milieu du jour, il est une heure
Où des grands bois jaunis l'ombre paraît meilleure,
Heure mystérieuse où le soleil plus lent
Semble presque dormir dans le ciel transparent.
Au milieu des rameaux penchés que l'onde essuie,
Ses rayons étalés tombent en large pluie,
Et sur nos yeux fermés filtre amoureusement
Je ne sais quel bien-être et quel ravissement.
L'horizon, estompant sa ligne calme et douce,
Ondule, comme un sein palpitant sans secousse ;
On dirait qu'un nuage au contour incertain
Flotte, baigné dans l'or immobile et serein.
Les bras nus, mollement appuyés sur leurs gerbes,
Glaneuses et glaneurs dorment parmi les herbes.
C'est l'heure où les troupeaux cherchent les frais vallons.
Les grands bœufs sont couchés, pensifs, dans les sillons.
Un rêve douloureux leur pèse ; leurs yeux mornes
Semblent interroger les espaces sans bornes ;
Sur eux l'or des rayons ruisselle ; par moment

Passe sur les gazons un chaud frémissement.
Une vague rumeur monte du sein des plaines.
Nous l'écoutons s'étendre ainsi qu'un bruit d'haleines ;
Puis, tout s'éteint : appels des chiens dans les hameaux,
Chants des mères auprès des enfants aux berceaux,
De l'oiseau dans le nid, du grillon sous la feuille,
Et, comme nous, l'esprit des choses se recueille.

Juin 1880.

L'HIVER.

I.

Rêveur, descends de la colline
Où frissonne l'épais gazon.
Déjà le soleil qui décline,
Comme un mât qui sombre, s'incline
Sous la ligne de l'horizon.

Oh, vois, chaque arbre de la route,
Que le vent du soir fait ployer,
Découpe, dans l'immense voûte,
Sur un fond rouge cuivre, toute
Sa silhouette gris d'acier.

C'est l'hiver, c'est l'hiver. Écoute ;
Le rossignol n'a plus de voix.
Dans ton cœur qui pleure et qui doute,
Le regret viendra goutte à goutte
Comme l'eau du ciel dans les bois.

Voici le fanal qui s'allume.
Carguez la voile, matelots ;
L'océan se couvre de brume
Et jette des paquets d'écume
Aux rochers que minent ses flots.

Un long vol de mouettes passe
Bout-à-bout, dans le ciel en feu,
Et l'éclair qui l'annonce trace
Un trait fulgurant dans l'espace
Comme une ride au front de Dieu.

C'est l'hiver, c'est l'hiver. O pâtre,
Prends ton bâton qui pend au mur
Pour attiser gaîment, daus l'âtre,
La flamme dont l'éclat folâtre
Danse sur le plafond obscur.

C'est l'hiver, c'est l'hiver. Qu'on rentre.
Le riche, au sein de ses trésors,
Vivant d'accord avec son ventre,
Oublie, enfoui dans son antre,
Ceux qui gémissent au dehors.

II.

Sans doute, ô passant, tu t'alarmes,
Disant : Voici les mauvais jours,
L'hiver est la saison des larmes. —
Eh ! l'hiver n'a-t-il pas ses charmes
Comme le printemps ses atours ?

Bien loin du toit qui te protège
Tu n'allas jamais, triste et seul,
Admirer les champs, quand la neige,
Comme un flot montant qui t'assiège,
Les recouvre d'un blanc linceul;

Quand elle s'étend sur la plaine,
Calme, immobile, sans un pli,
Vaste désert où l'homme à peine
Revoit, comme une forme humaine,
Ce corps immense enseveli ?

On dirait que l'hiver convie
Au sommeil de l'éternité,
Et, suivant sa pente chérie
L'âme pleine de rêverie
Goûte cette sérénité.

Malheureux qu'irrite la vie,
Mets ton pauvre front tourmenté
Contre cette terre blanchie ;
Laisse fuir ton âme affranchie
Dans un rêve de liberté.

III.

Et puis, dans les longues veillées,
En famille on se réunit ;
On pense aux oiseaux des feuillées
Qui, séchant leurs ailes mouillées,
Dorment tous dans le même nid.

LA REVANCHE DE L'HOMME.

Lorsque, pour expier la faute originelle,
Pâles, le front courbé sous la honte éternelle,
Nos deux premiers parents eurent quitté l'Eden,
Ils s'assirent au seuil du céleste jardin,
Et là, les yeux tournés vers le désert immense,
Avec tant de bonheur perdant toute espérance,
Ils pleurèrent. —
           Alors, du fond de l'avenir,
Une voix s'éleva, calme, douce et profonde.
Elle montait, montait comme la mer qui gronde.
Tel qu'un rêve trompeur qu'on craint d'effaroucher,
Immobiles, tous deux l'écoutaient s'approcher.
C'était la grande voix des enfants de la terre,
Et cette voix disait :
           « O mon père, ô ma mère,
Ne pleurez pas. C'est nous; nous vous consolerons.
Oh, vous pouvez chanter et relever vos fronts,
Vous n'avez point failli. Si l'amour est un crime,
Aux yeux de vos enfants votre erreur fut sublime,

Et de quel droit, d'ailleurs, vous aurions-nous blâmés
De souffrir librement pour nous avoir aimés ?
Vous n avez point failli. Regardez la nature :
L'amour reside au fond de toute créature ;
Les pampres sur le flanc des côteaux verdoyants,
La forêt pleine d'ombre aux faîtes ondoyants,
L'herbe en qui la moisson confusément s'agite,
Tout sent vibrer en soi, comme un sein qui palpite ;
Un immense besoin d'aimer, d'aimer encor.
Eh quoi, la fleur des champs, marguerite au cœur d'or,
A son parfum ; le fruit a sa douceur ; l'étoile,
A travers cet éther fluide qui la voile,
Jette, comme un appel, un long regard dormant
Sur les steppes sans fin du riche firmament.
L'ombre rit au cloporte, au crabe, à l'hydre blême,
A l'araignée. Amour remplit l'infini même ;
Un seul mot, un rayon échappé de ses yeux
Met à jour les secrets de ce sphinx ténébreux.
Quoi ! la brute oserait et l'homme seul hésite ?
Quand la création autour de lui gravite,
Parce qu'il est le roi, parce qu'il est l'élu,
Le centre et le sommet ; parce qu'il aurait plu
A je ne sais quel être envieux et terrible
De lui donner un cœur pour le faire insensible,
Et de murer son âme, en lui disant tout bas :
Tu ne chercheras pas, tu ne penseras pas,
Tu seras triste, morne, aveugle, sans défense,
Car qui cherche m'effraie, et qui ressent m'offense ;
Tout est, comme toi, mort, insensible, fatal ;
Ces fleurs sont de carton, ce ciel est de cristal,
L'océan est un vieux qui ne sait ce qu'il conte,
Les oiseaux, des joujoux : c'est moi qui les remonte,

Ces étoiles, ce sont les clous d'or du cercueil ; —
Parce qu'il lui plairait de faire tout ce deuil,
Comme une lampe meurt dans l'ombre sépulcrale,
Deviez-vous donc vous taire et mourir sans un râle ?

C'est bien. Et maintenant regardez devant vous.
L'avenir garde encor des jours calmes et doux,
Et la grande nature applaudit, car elle aime.
Il est un autre Eden qui se trouve en vous-même,
Profond comme le champ des cieux illimités,
Plein d'encens, de parfums, de rayons, de clartés.
Homme, au fond de ton cœur l'infini recommence.
Travaille, pour jouir. L'arbre de la science
Un jour jusqu'à tes pieds inclinera ses fruits.
Tu pourras, porte-clefs redoutable des nuits,
Au moyen des signaux, des chiffres, des algèbres,
Ouvrir de l'inconnu les archives funèbres.
Du haut de ton esprit, promontoire orageux,
Tu sentiras monter vers ton front nuageux,
Comme ce vent amer qui souffle des marées,
Les révélations des âmes effarées.
Travaille : c'est la loi. Chaque instant éclipsé
Vient ajouter sa pierre à l'œuvre du passé.
Et toi, mère, à ton tour soutiens-le de ton âme ;
O bourgeon, deviens fleur ; sois ange en restant femme,
Verse lui tes parfums, change en jours ses lueurs,
Sèche avec un baiser son front plein de sueurs.
Tu ne sais pas quel bien tu peux faire. Quel gouffre
Est-ce donc que le cœur qui console et qui souffre,
S'il peut donner sans cesse et sans cesse guérir,
Sans que le fond du puits semble jamais tarir ?
Aimez-nous, nous, l'appui de vos vieilles années.

Nous viendrons couronner vos têtes inclinées
Quand l'âge, et les soucis, et les regrets cuisants,
Y traceront leur ride avec leurs doigts pesants.
Oh, pour tout ce bonheur où l'espoir nous convie,
Soyez bénis par nous, les vaincus de la vie,
Les pauvres, les errants, les affligés, les gueux,
Ceux qui marchent pieds nus sur le pavé rugueux,
Les damnés, les proscrits, les malheureux sans nombre
Qui vivent ignorés et qui meurent dans l'ombre,
Nous, vos fils, qu'un injuste et noir ressentiment
Frappa le même jour du même châtiment,
Nous qui, n'ayant rien fait pour mériter de naître,
Sommes des criminels avant même que d'être.
Soyez bénis; voyez, nous tombons à genoux;
Nous avons plus d'oubli que Dieu n'a de courroux.

PAYSAGE D'HIVER.

Les gais sentiers des bois sont tout couverts de neige,
De neige vierge et blanche aux reflets aveuglants.
Auprès est la maison que le chaume protège,
Avec ses carreaux clairs de givre étincelants.

Par le sommet du toit une pauvre fumée
Monte frileusement vers le ciel pâle et bleu,
Et l'on entend passer le vent dans la ramée
Et les sapins craquer comme la braise au feu.

Au bas de la fenêtre est un pied de pervenche
Qui frissonne, oublié dans un vieux pot de fleurs. —
Un cri part, — un oiseau se pose sur la branche,
Va, vient, saute, s'envole et va chanter ailleurs.

MATER DOLOROSA.

Tic, toc. Le balancier chante l'heure qui fuit,
Et, jetant un rayon blanchâtre sur le lit,
La lampe, dans un coin de la chambre, est baissée.
L'enfant dort, d'une haleine inquiète, oppressée,
Comme si chaque fois, dans un dernier effort
Il cherchait à tromper l'étreinte de la mort.
Connaissez-vous les fleurs qu'on nomme sensitives?
Il est de ces enfants, pauvres têtes chétives,
Qui, las déjà de vivre et lassés de pleurer,
Tombent au premier vent qui les vient effleurer.
Lui, sa joue était maigre et sa lèvre était pâle.
Son pauvre front meurtri se recouvrait d'un hâle,
Et ses yeux, entourés d'un cercle noir et bleu,
Se creusaient. On sentait qu'en approchant de Dieu
Il perdait par degrés les formes de la vie.
Ainsi, quand le regard suit une voile amie,
Il la voit sur la mer s'éloigner lentement,
S'effacer, puis se perdre au fond du firmament.

Mais l enfant n'est pas seul. Près de l'alcôve aimée,

La mère s'est assise, angoisseuse, abîmée
Dans on ne sait quel rêve impossible et sans fond
Ainsi que les damnés et les mères en font.
Nul ne peut te connaître, ô sombre labyrinthe
Des deuils silencieux qui dévorent leur plainte.
Elle est là, l'écoutant dormir, le front baissé.
Elle tient dans ses doigts l'ouvrage commencé
Qu'elle n'a même plus la force de poursuivre,
Oublieuse à la fois de filer et de vivre.
Car à quoi lui sert-il de vieillir, à présent ?
Elle n'avait qu'un bien, ce pauvre agonisant,
Elle l'aimait. Lui mort, que fera-t-elle au monde ?
Pourquoi vivre ? La vie est banale, inféconde
Quand on n'a pas d'amour qui l'eclaire en chemin.
Est-ce qu'après demain diffère de demain ?
Puis, c'est son fils. Qui donc osera le lui prendre ?
C'est son droit, c'est son sang et sa chair la plus tendre,
C'est elle qui l'a fait : elle ne voulait pas
Faire un enfant pour qu'on le lui prit dans les bras,
Et Dieu ne pourra plus, si forte est la racine,
Sans lui faire sortir le cœur de la poitrine,
A l'amour de sa mère ôter le nouveau-né !

La mère se leva. Le lit était orné
De blancs rideaux qui le couvraient d'une ombre douce.
Elle les écarta de la main, sans secousse,
Puis elle se pencha sur cet ange, écoutant
Son souffle, qui sortait toujours plus haletant.
Elle s'agenouilla sur le bord de la couche.
Puis, mettant doucement ses lèvres sur sa bouche,
Elle le regarda longtemps. Qu'il était beau,
Son fils ! Elle sentait la vapeur du tombeau

La griser, comme un vin trop fort dont on s'enivre ;
Et la mère cria : Mon Dieu, faites-le vivre,
Et faites-moi mourir pour sauver mon enfant !
Elle embrassa ses membres nus, les réchauffant,
Et tandis que, farouche, attachée à sa lèvre,
Pour lui donner la vie elle aspirait la fièvre,
Ses doigts brûlants, posés sur ce frêle poignet,
Cherchaient à rappeler le sang qui s'éloignait. —
Mais soudain, ô pouvoir de la foi maternelle,
Elle sentit descendre et serpenter en elle
Comme un frisson de mort et d'âpre volupté,
Et l'enfant souriait, rose, ressuscité !

Tic, toc, tic, toc, tic, toc.
                Mais lorsque vint Décembre,
L'horloge s'arrêta. Sur les murs de la chambre,
On mit de grands draps noirs avec des larmes d'or ;
La cloche du hameau sonna le glas de mort ;
Et l'enfant ne sut pas en voyant le cortège,
Quel était ce cercueil qu'on menait dans la neige,
Parmi les froids sentiers pleins de pas assourdis,
Ni pour qui l'on chantait l'hymne *De Profundis*.

ÆGRI SOMNIA.

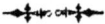

C'était un lac perdu dans de vagues ténèbres,
Comme l'esprit en voit en des songes funèbres,
    Par les brumes hanté :
Une eau lourde, profonde, épaisse, et d'un noir d'encre,
Mordant d'un froid baiser la terre qu'elle échancre,
    Sous un ciel tourmenté.

Au bord du lac, tordus comme de froids reptiles,
Des lichens recouvraient de leurs mousses stériles
    Les rochers scrofuleux,
Et, parmi la fadeur des roseaux aux pieds grêles,
Le nénuphar ouvrait ses fleurs blanches et frêles
    Au sein des flots huileux.

Drus et noirs, allongeant leurs I mélancoliques,
Des peupliers mêlaient les ombres métalliques
    De leurs fronts épaissis,
Et, comme ces cristaux refroidis sous des piles,
Les rameaux étendaient de longs bras immobiles
    Autour des troncs noircis.

Les nuages pendaient dans les cieux fantastiques,
Affectant çà et là des formes prismatiques,
    Les uns sur le côté,
D'autres, le cône en bas, immenses stalactites,
Et qui, de loin, semblaient de grands lacs asphaltites
    Frappés d'aridité.

Mais tout-à-coup le vent descendit de la nue,
Et ce fut aussitôt comme une âme inconnue
    Qui vint tout enchanter ;
Et, comme s'exerçant à de naïves luttes,
Tous les roseaux du lac, avec un bruit de flûtes,
    Se mirent à chanter ;

Et l'amoncellement sinistre des nuages,
Roulant son avalanche avec un bruit d'orages,
    Monta vers le zénith,
Et les rochers, couverts de leurs plantes livides,
Sonnaient, sonnaient au vent comme des outres vides
    Sous leur peau de granit.

Le lac fit miroiter les moires de ses ondes
Comme on voit frissonner sous les orgues profondes
    La foule des élus.
Quand l'inspiration pleure et s'envole en flammes,
Ou comme on voit courir de lumineuses gammes
    Sur la corde des luths.

Les arbres, agitant leurs branchages sévères,
Vibraient, comme on entend, dans le fracas des verres
    Se plaindre le cristal.
Et les feuilles des bois, toutes papillotantes,
Formaient un gai concert de notes chuchotantes
    De soie et de métal ;

Puis elles s'en allaient, pauvres feuilles inertes
De toutes les couleurs, jaunes, rouges ou vertes,
    En un fol tourbillon ;
Tel semble résonner, quand au trot d'une mule
Son collier de grelots dans l'air tintinnabule,
    Un joyeux carillon ;

Puis elles descendaient et retombaient en pluie,
Ainsi qu'un doux soupir que l'écho multiplie,
    Avec un long froufrou,
Et quand le lac cessa son étrange harmonie,
La dernière mourait sur cette tombe unie
    Et noire comme un trou.

SOIRS DE RÊVE.

Salut, salut à vous, heures inspiratrices,
Plus douces que les fleurs entr'ouvertes l'été,
Qui penchez sur mon front vos urnes bienfaitrices
D'où s'epanchent le calme et la sérénité.

Chaque soir, à l'instant où s'allume ma lampe,
Mon âme vous attend, pleine d'un long ennui,
Et je sens frissonner vos ailes sur ma tempe
Quand vous passez, ô blanches filles de la nuit !

Alors, comme l'on voit dans Venise la folle,
Quand le ciel flambe et dort sous l'onde aux reflets verts,
Un vol de papillons qui dans l'air batifole,
Ainsi descend vers moi l'essaim joyeux des vers,

Et je suis du regard leur foule qui tournoie
Et se heurte dans l'ombre à mon plafond obscur,
Secouant vaguement de leurs ailes de soie
Un nuage poudreux de safran et d'azur.

Comme ces mouches d'or qu'un Japonais s'exerce
A faire voltiger sur le rose éventail,
Ils volent sur mon livre, et ma main les disperse
Et les chasse en riant, joyeux épouvantail.

Salut, salut à vous, heures consolatrices,
Plus douces que les fleurs entr'ouvertes l'été,
Qui penchez sur mon front vos urnes bienfaitrices
D'où s'épanchent le calme et la sérénité.

O doux rêves d'amour, envahissez mon âme ;
Coule, ô vin de l'esprit ; chantez, chantez, mes vers.
Portez-moi loin d'ici sur vos ailes de flamme ;
La terre est assoupie et les cieux sont ouverts.

FUMÉE DE PIPE.

C'est en notre pays que la scène se passe.
Un soir, je revenais d'un rendez-vous de chasse.
J'avais l'estomac vide et le carnier aussi,
Car, lorsque le guignon s'en mêle, Dieu merci,
On dirait que le diable en personne nous raille.
J'avais battu la plaine et fouillé la broussaille,
Et je marchais, fusil au dos, dès le matin :
Rien, pas même une grive et pas même un lapin, —
Lorsqu'enfin j'atteignis, au fond de la vallée,
Une humble maisonnette en ces lieux isolée.
Là, vivait un vieux pâtre aux cheveux blanchissants,
Et qui me rappelait encor mes jeunes ans
Pour m'avoir raconté mainte légende folle,
Du temps où, faible enfant revenant de l'ecole,
Je courais me mêler aux petits polissons
Qui s'en vont dénicher des nids dans les buissons.

Aux anciens souvenirs l'âme se réconforte.
J'entrai donc, en poussant les battants de la porte,
Et je mis mon fusil dans un coin, près du seuil.
Le vieux était assis dans un large fauteuil,
Et près de lui couvait dans l'ombre un feu de cendre
Comme on en voit encore au vieux pays de Flandre.
L'auvent seul, surmonté de son noir chapiteau,
Nous aurait tenu dix sous le même manteau.
La fumée en montant avait déteint dans l'âtre,
Boursouflant çà et là les écailles du plâtre,
Et le vieillard fumait, d'un air calme et profond,
Lançant par intervalle aux poutres du plafond
Une large bouffée en spirale fantasque.
Ses pommettes saillaient en rouge, ainsi qu'un masque
Qui se détache clair sur la noirceur du fond.
Sitôt qu'il m'aperçut, il se leva d'un bond :
« Eh quoi, c'est vous ? » dit-il en reculant sa chaise. —
« Oui, c'est moi, père Jean, et je serais bien aise
» De me chauffer un peu les pieds sur vos chenets.
» Vous voyez, je suis las, j'ai couru les genêts,
» J'ai marché tout le jour dans la rosée humide,
» Et voilà que le soir ma carnassière est vide. » —
« Si ce n'est que cela, vous devez avoir faim.
» Voulez-vous partager la moitié de mon pain ?
» Nous boirons, comme on dit, dans une même coupe.
» Et, tenez, justement je préparais ma soupe.
» Chauffez-vous sans façons, pendant que je m'en vais
» Vous chercher près d'ici du beurre et des œufs frais.
» Je vous quitte un instant et je reviens de suite. » —
Sur la flamme attisée il posa sa marmite
Et sortit.
   Pour beaucoup, fumer est un besoin.

J'avais vu, par hasard, des pipes dans un coin
J'en pris une, et m'assis au foyer solitaire.
La vaste cheminée, haute et quadrangulaire,
S'entr'ouvrait sur ma tête avec son trou béant,
Profond comme l'œil noir d'un cyclope géant.
Ainsi que ces soupirs qu'on écoute à l'automne,
La marmite faisait un long bruit monotone,
Et je vous évoquais à mes yeux éblouis,
O fantômes sereins des jours évanouis,
O mes oiseaux d'azur, ô mes châteaux de fées,
Qui sortiez de ma pipe en rapides bouffées.
C'est là que je venais m'asseoir, chaque matin,
Semant les doux propos de mon timbre argentin,
Et le pâtre riait, quand de ma main joyeuse
Tirant les boucles d'or de sa barbe soyeuse
Ému, je regardais luire dans ses yeux doux
Un regard plus chargé d'amour que de courroux.
C'est là que s'asseyait ma jeune fiancée,
Lorsque, par la chaleur et la course oppressée,
Elle venait chercher dans ce calme séjour
Un salutaire abri contre les feux du jour :
Eh quoi, morte si tôt dans ta fleur, ô mon Eve,
Doux rayon dont la vue illumina mon rêve,
Quand battait sur mon sein ton sein prédestiné,
C'était donc à la mort qu'il était condamné ?
Mon Dieu, pour un instant ne peux-tu me la rendre ?
Mais quelques gouttes d'eau tombèrent sur la cendre,
Formant un voile épais dans le brouillard accru,
Et j'étais seul, avec mon rêve disparu !

Je me levai soudain, et je mis la marmite
Dans un angle du mur, mais non pas assez vite

Pour qu'un flot bouillonnant ne pût s'en épancher.
Un nuage aussitôt rampa sur le plancher,
Rapide et nuancé comme un lézard qui vibre,
Et la flamme monta, plus joyeuse et plus libre.
Sa lueur vive, où l'or paraissait chatoyer,
Jetait un long reflet sur l'armoire en noyer,
Ravivant çà et là de pâles étincelles
Sur la rougeur du cuivre et l'émail des vaisselles.

Soudain, je reculai, frissonnant, indécis !...
Sur le fauteuil du vieux un spectre était assis.
On eût dit un esprit sœur de ces formes blanches
Comme on en voit la nuit se glisser sous les branches,
Étranges nudités au sourire effrayant.
Son vêtement traînait sur le sol, balayant
La fumée, et semblant faire corps avec elle,
Elle fixait sur moi son ardente prunelle,
Et ses mains, qu'enchaînait un douloureux effroi
Semblaient faire un effort pour se tendre vers moi.

« Tu ne me connais plus ? disait l'ombre voilée,
Et pourtant j'étais là quand tu m'as appelée.
Vainement j'ai quitté pour toi mon lit glacé,
Tu ne me connais plus, ô mon doux fiancé !
Tu ne te souviens plus même de ta jeunesse,
Lorsque, versant sur nous leur calme et leur tendresse,
Les grands arbres noueux qui peuplent le bois sourd
Nous regardaient venir en disant : C'est l'Amour !
Parmi les verts sentiers pleins d'herbe ensoleillée
Où mille flèches d'or pleuvent dans la feuillée,
Où le ramier se livre à de joyeux ébats,
Nous allions au hasard en nous parlant tout bas.

J'avais ma robe rose et mon chapeau de paille,
Ton bras harmonieux s'enlaçait à ma taille,
Et nous marchions parmi le printemps embaumé.
T'en souviens-tu, t'en souviens-tu, mon bien-aimé?
Un Dimanche, j'avais des fleurs à mon corsage,
Et nous nous en allions à travers le village
Adresser à l'église une prière à Dieu.
Près d'un pilier, assise aux marches du saint-lieu,
La sorcière Lisbeth se tenait accroupie.
Elle fixait sur moi, la hideuse harpie,
Un regard à la fois étrange et menaçant;
Moi, je me mis à rire en la reconnaissant :
« Vous riez aujourd'hui, vous qui vous croyez belle,
Mais vous ne verrez plus la neige, me dit-elle. »
Et quand vint la moisson, je mourus dans tes bras,
Ce jour de désespoir, ne t'en souviens-tu pas ? »

« Oh, si je m'en souviens! Crois-tu donc qu'on oublie
Lorsqu'on a souffert, dans son cœur, dans sa vie,
A l'épreuve sans nom des suprêmes instants!
Mais tu parles, c'est toi, c'est ta voix que j'entends,
Dis-moi : « Je suis vivante », ô ma chère maîtresse! »
Hélas, je m'élançai, dans mon ardente ivresse,
Et je crus, lui faisant un collier de mon bras,
L'embrasser sur le front comme avant le trépas.
O stupeur! sous mes doigts, comme on voit d'un Manille
La cendre aux reflets gris qui tombe et s'éparpille;
Comme ta boule errante, ô joyeux bilboquet,
La tête s'en alla rouler sur le parquet;
Puis l'ombre s'affaissa dans l'âtre, tout entière,
Et je ne trouvai plus qu'un amas de poussière
Qui se mêlait parmi les cendres du foyer.

Cou, cou. L'heure sonna sur l'armoire en noyer,
Secouant dans mon rêve une note ironique,
Et moi je me frottais les yeux d'un air comique, —
Quand le pâtre moqueur me dit, d'un ton content :
« Monsieur, venez dîner, le fricot nous attend. »

FLEUR D'ÉGLANTIER

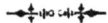

Hier, j'errais, l'âme distraite.
Dans le silence d'un sentier,
Une pâle fleur d'églantier
Ouvrait sa corolle discrète.

L'insecte bleu sous les gazons
Riait aux marguerites blanches,
Et les moineaux donnaient aux branches
Les prémices de leurs chansons.

L'aube dardait sa flèche rose
A travers les rameaux flottants,
Mais je ne vis pas le printemps
Et je cueillis la fleur éclose.

O méchant qui me fais mourir,
Dit la fleur, en vain je m'afflige.
Ne pouvais-tu pas sur ma tige
Me voir briller sans me flétrir ?

Le vent baisait ma collerette.
Comme les âmes pour aimer,
C'est pour vivre et pour embaumer
Que la bonté de Dieu m'a faite.

J'attendais que, pour la parer,
L'amant m'offrît à son amie,
Et je me serais endormie
Sur sa bouche, pour l'enivrer.

Toi que rien ici-bas ne guide,
Cœur insensible, puisses-tu
Mourir avant d'avoir vécu,
Les yeux éteints et le cœur vide !

ESQUISSE.

Écoute. Nous étions assis sur la terrasse
De notre vieux castel, d'où le regard embrasse
Les lointains vaporeux, et qui pend comme un nid
Entre la mer immense et le ciel infini.
Oh, la belle soirée où nous étions ensemble !
La brume descendait comme un réseau qui tremble.
Nous étions là, rêveurs et sans parler de rien,
Car nous sentions en nous l'invisible lien
Qui prend les cœurs, et l'un vers l'autre les attire.
Hélas ! Nous nous aimions et nous n'osions le dire,
O contradiction des sentiments humains !
Tu tenais ton missel ouvert entre tes mains,
Laissant errer sur lui ta mobile paupière ;
Moi, j'étais accoudé sur le balcon de pierre ;
Et tu tenais le livre, et tu ne lisais pas,
Et mes yeux, détachés des choses d'ici-bas,
Dans la voile qui fuit, dans l'air, dans le nuage,
Croyaient à chaque instant retrouver ton image.

Rappelle-toi. Le vent jouait dans tes cheveux.
Mystérieusement, ainsi que des aveux
Qui meurent incompris sur des lèvres timides,
Les vagues, secouant leurs crinières humides,
S'approchaient, blanchissaient et fuyaient tour-à-tour,
Et le ciel scintillait avec ses yeux d'amour.
La lune à l'horizon, souriante et sereine,
Brillait d'un doux éclat, comme une jeune reine
Qui descend toute blanche un escalier d'argent.
Mystique, elle moirait de son reflet changeant
Ton corset de satin. Alors, ô mon idole,
Tu penchas doucement ton front sur mon épaule,
Et moi, sentant la fièvre en mon cœur s'apaiser,
Je m'inclinai de même, et j'y mis un baiser.
Oh, que j'étais ému dans l'ombre solennelle,
Chère adorée, et comme, en te voyant si belle,
J'aspirais ton parfum qui calme et qui séduit,
Mélancolique fleur éclose dans la nuit !

AUTRE ESQUISSE.

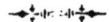

Oh, quel rêve j'ai fait ! C'était dans une rue
Large, immense, où la foule incessamment accrue
Mêlait ses mille cris et son bourdonnement.
Sous le tiède soleil qui tombait lourdement
En nappe blanche, ainsi qu'un grand lac de lumière,
La bruyante cité s'éveillait toute entière.
Nous étions là, portés dans un char triomphant.
Je t'admirais, avec ton doux regard d'enfant,
Et ton sourire d'ange, et ton beau front de reine.
Un peigne d'or luisait dans tes cheveux d'ébène.
Ton beau col, renversé sur le drap du coussin,
Laissait apercevoir la rondeur de ton sein.
Les chauds rayons, glissant à travers la dentelle
Qui faisait une frange au bord de ton ombrelle,
Te caressaient, tandis qu'autour de tes cils bleus
Flottait un demi-jour charmant et langoureux.
Auprès de toi montait, comme une fraîche haleine,
Je ne sais quel parfum de rose et de verveine,
O chère bien-aimée ; et, quoique nous parlants
D'amour et d'avenir avec des mots brûlants,

Je me laissais griser par ce bruit monotone
Du char, et par l'ardeur de ce soleil d'automne,
Par l'éclat des couleurs et des sons confondus.
J'étais là, les regards dans le vague perdus,
Avec l'enivrement d'une vision folle,
Voyant confusément flotter ton auréole
Au fond de ma pensée, ainsi que par moment
Il nous reste dans l'œil un éblouissement.
Et nous allions, mêlant notre double existence,
N'importe où, méprisant le temps et la distance,
Dans l'espace où des cieux nouveaux semblaient s'ouvrir, —
Et dans ce moment-là j'aurais voulu mourir !

SONNET TRISTE.

Comme les blanches fleurs des pommiers qu'on secoue,
La neige lentement tourne sur l'horizon.
Par les sentiers déserts, les chemins sans gazon,
Maint gueux passe en chantant d'une voix qui s'enroue.

Et, seul en mon logis comme en une prison,
A travers les carreaux où je pose ma joue,
Je vois le ciel se fondre et s'amasser la boue,
Tandis que le vent pleure autour de ma maison.

O bois, sombres forêts où la brise se joue,
Soirs d'or, et vous, été, printemps, verte saison,
Loin de vous je m'éteins d'un mal sans guérison ;

J'entends gémir l'écho des cercueils qu'on encloue,
Et ces neiges sans fin où tout rêve s'échoue
Sont comme un froid linceul qui couvre ma raison.

SUR

LE SOMMET DE LA MONTAGNE.

Sur le sommet de la montagne,
Tous les deux nous étions allés,
Tout en regardant la campagne,
Cueillir des pavots dans les blés.

C'était l'heure où le soir s'avance,
Baignant les chemins hasardeux
D'ombre, d'amour et de silence.
Quoi, dans les blés, le soir, à deux ?

Mais c'est un crime sans excuse !
Écoute, et calme ton émoi,
Lecteur jaloux. C'était ma muse
Qui marchait à côté de moi.

Elle avait un chapeau de paille,
Un soulier rose, un bas coquet,
Un ruban autour de la taille,
Et tenait en main un bouquet.

Sous son costume de bergère
Elle avait l'air doux, attristé,
D'une âme à ce monde étrangère
Qui trahit sa divinité.

Comme l'ange inspiré qui penche
Son front sur son luth fraternel,
Dans ses deux grands yeux bleu pervenche
On lisait le regret du ciel.

Le jour baissait. Nous nous assîmes
Côte à côte, sur le gazon.
Le soleil, colorant les cîmes,
Disparaissait à l'horizon.

Çà et là, mornes, immobiles,
De grands nuages gris, ouatés,
Pendaient, comme de vastes îles
Dans un océan de clartés.

Plus bas, s'étageant dans la plaine,
La ville aux tons vagues et flous,
Bruyante cité, dont à peine
Un écho montait jusqu'à nous,

Avec ses murs, sa citadelle,
Ses clochers, son beffroi dormant,
Semblait poser une dentelle
De pierre au bord du firmament.

Les foins coupés aux brises chaudes
Livraient leur parfum pénétrant.
Mille vivantes émeraudes
Zébraient l'air de leur vol vibrant.

Il est des jours où, comme l'âme,
L'esprit par la lutte affaibli,
Loin du trouble des sens réclame
Un peu de repos et d'oubli

Au corps qui l'accable et l'obsède
Il se dérobe peu à peu,
Et bientôt le voilà qui cède
Aux tentations du ciel bleu.

Sur l'aile de la poésie,
Il s'envole, enivré d'azur,
Au monde de la fantaisie
Du rêve et de l'idéal pur.

Tout le ravit et tout l'enchante,
Les fleurs, l'oiseau, les papillons,
L'herbe qui bruit, l'eau qui chante,
Les bœufs couchés dans les sillons.

Ainsi j'aspirais, plein d'ivresse,
Ce calme qui suit un beau jour,
Et je lui dis, l'enchanteresse :
« O ma belle muse d'amour,

Vois-tu ces champs, loin dans la brume,
Ces prés, ces monts d'où le jour fuit,
Ce ciel où maint astre s'allume
Au front flamboyant de la nuit,

Cette ville avec sa muraille,
Ses maisons, son clocher, sa tour,
Où tout un peuple aime, travaille,
Vit, chante et pleure tour-à-tour,

Ces hameaux où peut-être un pâtre
Rentre en conduisant ses troupeaux,
Où plus d'un, assis près de l'âtre,
Cause, ou souffle dans ses pipeaux,

Ces veillards, ces femmes craintives
Qui, tout en tournant leurs fuseaux,
Endorment de leurs voix plaintives
Les nouveaux-nés dans leurs berceaux ?

Là même où meurt la voix humaine,
Où nait l'ombre, la nuit, l'effroi,
Partout, partout, c'est mon domaine,
Muse, car le poète est roi.

Ce soleil sombrant dans la moire
Et dans l'or rougi du couchant,
C'est le symbole de ma gloire :
Jamais plus beau qu'à son penchant !

J'ai pour joyaux à ma couronne
Les fleurs, astres épanouis,
Les nuages des cieux pour trône,
Pour manteau le voile des nuits.

Mais dis un mot et je te donne
Mon royaume et ma royauté,
Et mes sujets et ma couronne,
Si tu le veux, ô ma beauté. »

Elle eut un grand éclat de rire
Et dit : Ah, zut, tu sais, mon p'tit,
Si c'est tout c' que tu pay', faut l' dire,
Mais moi j'ai p'us qu' çà d'appétit.

CHANT PAÏEN.

O mon ami, nos jours à petit bruit s'enfuient
Comme l'eau du rocher qui s'égoutte au lavoir.
Insensés sont ceux-là qui pleurent et s'ennuient
Ou qui meurent vivants dans un long nonchaloir.
Ils passent leur chemin sans comprendre, et sans voir
Par la fuite du temps les rives entraînées.
    Mais pour nous autres qui savons
    Tout le prix des jeunes années,
Jetons ce cri de guerre aux folles destinées :
    Vivons !

Rions, ô mon ami. Déjà l'heure s'avance.
Demain vient, apportant le chagrin avec lui.
Depuis qu'après la mort il n'est plus d'espérance,
Le peuple ne rit plus, car il rêve aujourd'hui.
Pourquoi douter, pourquoi souffrir, ô mon ami ?
Qu'importe que le ciel ou l'enfer nous réclame ?
    Chaque minute où nous prions
    De la vie use en vain la trame ;
Oh, crois-moi, la gaîté, c'est la santé de l'âme ;
    Rions !

Aimons. Qui te retient, et quelle loi t'impose
Cette stérilité qu'on nomme la vertu ?
Tu crois à la seience, ô jeune homme morose ?
Qu'es-tu sur cette terre ? Où vas-tu ? Que sais-tu ?
Quel lion de Némée as-tu donc combattu
Pour trouver en ce siècle une gloire féconde ?
   O Musset ! Nargue aux vains sermons ;
   Je ne sais qu'une chose au monde,
C'est que j'aime Philis et que Philis est blonde ;
    Aimons !

Trinquons, ô mon ami. La coupe de la vie
Est pleine d'un vin noir qui soulève le cœur,
Mais il est telle plante odorante et choisie
Qui peut faire un nectar de l'amère liqueur.
Evohé ! Le vin coule et Phébus est vainqueur !
Buvons, le front rougi par les pampres des treilles,
   Parmi les fleurs et les flacons.
   Emplissons les coupes vermeilles,
Puis jetons-les au vent et cassons les bouteilles ;
    Trinquons !

NÉVROSE.

« J'aime les soirs d'ivresse et les folles orgies,
Et les âcres parfums qui troublent le cerveau.
J'aime à boire, la nuit, au fond des tabagies
Où dansent des clartés sous les lampes rougies,
Un vin tiède, et qui garde une odeur de cuveau,
J'aime les soirs d'ivresse et les folles orgies.

J'aime à me consumer de désirs inconnus.
J'aime la courtisane à la beauté fatale,
Avec ses grands yeux noirs, aux feux mal contenus.
Oh, pouvoir respirer l'odeur de ses seins nus
Quand elle tord sa chair sous ma lèvre brutale!
J'aime à me consumer de désirs inconnus.

J'aime ton charme étrange, ô maladive automne,
Et les hiboux pensifs, hôtes des vieux manoirs
Où la bise gémit d'une voix monotone,
Et le grand cimetière où l'âme qui frissonne
S'en va, pleine d'effroi, creusant des songes noirs.
J'aime ton charme étrange, ô maladive automne.

J'aime la fleur du mal qui croît sur les hauteurs
Sauvages, et qu'on voit s'incliner sur sa tige,
Pleine de fauve éclat et d'horribles senteurs,
Les reptiles cachés, les ombrages menteurs
D'où tombent le sommeil, la fièvre et le vertige.
J'aime la fleur du mal qui croît sur les hauteurs.

Je suis comme un fantôme inquiet et farouche ;
Le jour, bâillant d'ennui sur de nombreux coussins,
La nuit, nerveusement m'agitant sur ma couche
Lorsque Phœbé sur moi darde son grand œil louche,
Suant la peur de l'ombre entre mes draps malsains.
Je suis comme un fantôme inquiet et farouche. »

Tel parle le poëte, esprit désabusé,
Enfant vieilli d'un siècle où la croyance est morte :
« A célébrer les Dieux le monde s'est usé.
Pour trouver ce bonheur à nos vœux refusé,
A nous les voluptés que l'enfer nous apporte. »
Tel parle le poëte, esprit désabusé.

O caprices d'enfants que le cœur désavoue !
Vienne sous la feuillée un rayon de soleil
Pâle comme le sang qui monte sur la joue
D'un pauvre poitrinaire inerte et sans sommeil,
Qu'un oiseau, qu'un zéphyr dans le sentier se joue,
(O caprices d'enfants que le cœur désavoue),

Passe sur le chemin quelque joyeux minois
Entrevu par hasard, Musette ou bien Mireille,
Chantant quelque refrain sur un air d'autrefois,

L'air mutin, les regards coulés en tapinois,
Sous des cheveux châtains une petite oreille,
Passe sur le chemin quelque joyeux minois,

L'amour vient, le ciel rit et l'on se sent revivre.
Jeunesse, printemps, joie ! Ainsi qu'une liqueur
Délicieuse, où l'âme avec transport s'enivre,
Comme un parfum caché dans les pages d'un livre,
Tous nos vieux souvenirs nous remontent au cœur.
L'amour vient, le ciel rit et l'on se sent revivre.

LE JOUR DES MORTS.

Novembre, enveloppé dans son manteau de bise,
Vieillard maigre et tremblant, nous verse les frimas.
Le bourdon qui résonne au clocher de l'église
Laisse tomber un son grave et sourd comme un glas.

Voici le jour des Morts ! La cloche coutumière,
Jetant du haut des airs son chant religieux,
Sous les ifs ténébreux du voisin cimetière
Appelle au rendez-vous les vivants oublieux.

A travers les sentiers déserts et monotones
Ils s'en vont, deux par deux, les mains pleines de fleurs,
Chargés de romarin et d'immortelles jaunes,
Ressusciter le flot des anciennes douleurs.

Quel silence partout ! A peine un oiseau frôle
Le sensible rameau qui plie au gré du vent.
Ainsi qu'un rideau vert, les longs cheveux du saule,
Par la brise écartés, retombent en rêvant.

Cité des morts, ô champ plus peuplé qu'une ville,
Tu n'es que solitude à nos regards déçus.
Quoi ! si pleine de monde et pourtant si tranquille,
Tant d'horreur en dessous, tant de calme au-dessus !

O combien de parents, homme, enfant, jeune fille,
Dorment dans leur linceul fait de calme et d'oubli,
Vieillards aux cheveux blancs, orphelins sans famille,
Tout un passé détruit, éteint, enseveli !

Que de noms maintenant effacés sur la pierre,
Que de bouquets fanés au souffle des hivers,
Et combien de tombeaux que la ronce et le lierre
Sous leur fouillis épais ont déjà recouverts !

Apportez maintenant la serpe et les faucilles,
O mortels ! déchirez ces pâles frondaisons,
Remplacez ces lambeaux, raccommodez ces grilles,
Réparez le dégât des frileuses saisons ;

Faites des monuments où des figures d'anges
Pleurent, les yeux fixés sur des noms bien-aimés,
Des couronnes qu'on tresse avec des fleurs étranges,
Des mains jointes, des vers et des cœurs enflammés !

Ah ! dans le gouffre humain si l'on pouvait descendre,
Comme un homme perdu sur d'obscurs escaliers,
Qui sait ce qu'on verrait ! Foyers morts sous la cendre,
Que de cœurs refroidis et d'amours oubliés !

L'un, dont le souvenir à quelque nom s'éveille,
S'arrête, en regardant d'un œil indifférent
La pauvre croix de bois et le tertre où sommeille
Quelqu'ancien camarade ou quelque vieux parent.

Il s'agenouillerait s'il pouvait, mais il n'ose.
Le chapeau bas, muet devant ce triste deuil,
Il songe que la vie est une douce chose,
Et qu'on doit bien geler, l'hiver, dans un cercueil.

Là, c'est quelque beau fils, quelque riche héritière
Courbant leur front pâli sur un marbre hautain.
Leur voix, qui balbutie une courte prière,
Tout haut s'écrie : Hélas ! et tout bas dit : Enfin !

Sur cette tombe fraîche une maîtresse apporte
Quelque gage, débris de ses amours d'antan,
Puis, joyeuse, s'en va retrouver à la porte
L'amoureux de demain qui peut-être l'attend.

Hypocrites douleurs ! angoisses mensongères !
Ainsi le genre humain, repu comme un vizir,
Chemine, traversant de larmes passagères
Son ivresse de l'or et sa soif du plaisir !

ODE A LA MER.

Voici le soir léger, mêlé de rêverie,
Qui monte. Encore un jour qui s'ajoute à nos ans.
Blanche, sourde, heurtant de ses flots les brisants,
La mer au loin s'étend, lentement assombrie.

Derrière les récifs que brode un flot d'argent,
La houle est verte et glauque, avec un reflet rose.
La lumière du ciel joue et se décompose
Sur ce prisme de l'onde, éternel et changeant.

Voici le soir léger. Toute la mer moutonne,
Pleine de tons fuyants comme l'or des moissons,
Comme un marbre où l'on voit courir de longs frissons,
Avec un bercement paisible et monotone.

Nulle voile. Partout l'onde au ciel se confond
Dans la diffusion vague du crépuscule.
Quelle douce fraîcheur autour de nous circule !
Que l'horizon est grand ! que l'éther est profond !

Toi qui verses le calme aux âmes inquiètes,
Je t'aime et te salue, ô bienfaisante mer,
O consolation du sage au cœur amer,
Si bonne aux malheureux, aux faibles, aux poëtes,

A qui porte un flambeau secret dans un cœur pur,
L'humble musicien, front marqué du génie
En qui déjà tressaille un monde d'harmonie,
Le jeune peintre épris d'un peu d'ombre et d'azur.

Tu leur dis : « Accourez, pauvres âmes blessées,
Et vous, de l'idéal mystérieux amants ;
Venez, j'aurai pour vous de doux recueillements,
Des songes sans effrois et de chères pensées.

Je calmerai vos maux, j'éteindrai vos douleurs
Si bien qu'on n'en pourra trouver la cicatrice ;
Je suis l'ensorceleuse et la consolatrice
Qui donne à tout un charme étrange, même aux pleurs.

J'aurai, pour vous parler, tantôt les voix câlines
Qu'ont les mères, tantôt de ces accents grondeurs,
Souffles d'orgues sortis des vagues profondeurs,
Et qui passent, chargés d'exhalaisons salines.

J'ai pour vous captiver des luxes inouïs.
Et montre, courtisane affable et complaisante,
Mieux que tout le clinquant des hommes qu'on plaisante,
Des splendeurs dont vos yeux sortiraient éblouis.

J'ai de vastes palais, des tours mythologiques,
Suspendus dans la pourpre ardente du couchant,
Là-bas où le soleil et l'eau vont se touchant,
Des étoffes d'or pur et des robes magiques :

Ma robe rose tendre ainsi qu'un sein naissant, —
Bleu-vermeille, — couleur de turquoise enflammée, —
Noire comme la nuit et d'étoiles semée, —
Blanche comme un éclair d'acier, — rouge de sang. »

Vers toi vont les proscrits, les révoltés illustres,
Quand le lâche est courbé sous le mal triomphant,
Lorsque la tyrannie est maîtresse, étouffant
La sainte liberté sous le talon des rustres,

Tous ceux qui, fatigués du tumulte des cours,
De l'ambition vaine, ardente, inassouvie,
Cherchant un coin désert pour y cacher leur vie,
Préparent dans l'exil l'aube des nouveaux jours.

Ils sont là, sous le vent qui vient battre leur tempe,
Aspirant l'air natal avec avidité,
Et puisant chaque fois dans ton immensité
Quelque chose de pur, de grand, qui les retrempe.

Ils retrouvent en toi cette antique fierté
Qui fait que deux mille ans, ô belle vagabonde,
Tu vins jeter sur tous les continents du monde
Ta voix terrible, où sonne un chant de liberté.

Parfois, près de la rade où le fanal s'allume,
Sur leur barque, on peut voir les pêcheurs de harengs
Qui jettent dans tes flots leurs filets transparents,
Ternissant ton miroir de longs sillons d'écume,

Ou bien quelque nef passe : on chante sur le pont.
Qu'importe ? Aux pauvres gens il faut de la clémence.
Mais que Xerxès, saisi d'une folle démence,
Fustige en le bravant le Dieu de l'Hellespont,

Que l'Armada t'impose un fardeau qui t'oppresse,
Et creuse avec le soc une ride à ton front,
Alors, soudainement, tu bondis sous l'affront,
Superbe, ainsi qu'un taur excité se redresse.

Comme je t'aime ainsi, terreur des matelots,
Précipitant tes bonds avec des cris sauvages,
Et, dans la nuit, faisant parvenir aux rivages
Un murmure infini traversé de sanglots ;

Cependant qu'en un lieu plein de douces retraites,
Dans quelque grotte bleue où Vénus Astarté
Tamise par la voûte une pâle clarté,
Deux amants vont, disant des paroles discrètes,

Et près d'eux, sur le sol qu'argente un sable fin,
Tu viens mourir avec une oblique caresse
Et mêler ton murmure, ô mer enchanteresse,
Comme une harpe d'or, à leurs soupirs sans fin !

SEXTINE.

TAÏMAHA.

Rêveuse, nonchalante et pleine de paresse,
O'Taïti dormait hier. Sur le penchant
Du promontoire bleu que la brise caresse,
Dans les bois résonnants d'une douce allégresse,
Les blonds sénégalis jetaient un dernier chant.
La panthère écrasait les joncs en s'y couchant.

Alors, bien loin là-bas, derrière le couchant,
Un navire apparut, glissant avec paresse,
Et tel que nos guerriers en peignent dans leur chant ;
Et nous le regardions venir en nous penchant
Vers lui, battant des mains en signe d'allégresse,
Comme un enfant tenant le rêve qu'il caresse.

Le flot, l'enveloppant d'une tiède caresse,
Frisait sous l'éperon. Lui s'arrêta, couchant
Sa voile, que gonflait un souffle d'allégresse,
Comme un grand albatros qu'on voit, pris de paresse,
S'abandonner à l'onde, et de son mât penchant
L'eau tombait goutte à goutte avec un triste chant.

Alors, dans l'air du soir, on entendit un chant
Grave et mélancolique ainsi qu'une caresse,
Comme ce que tout bas murmure, en se penchant
Auprès des nourrissons, l'aïeule à son couchant,
Ou, quand l'ombre du morne invite à la paresse,
Deux cœurs tendres mêlant leur divine allégresse.

Ils disaient : Oh, couler des jours pleins d'allégresse
Sur ce rivage heureux, écouter, comme un chant,
Parmi les bercements d'une molle paresse,
Votre amoureuse voix qui calme et qui caresse,
Oubliant, s'il se peut, qu'il est, vers le couchant,
Des mères priant Dieu pour nous, le front penchant !

O courtes voluptés ! ô jour trop tôt penchant,
O mensonge enivrant des heures d'allégresse !
Hélas, vers l'horizon où le soleil couchant
Saigne et meurt, comme un cygne après son dernier chant,
Ils ont fui lâchement, froids à toute caresse.
Passez, cruels regrets, pourquoi tant de paresse ?

O paresse des monts, mer sombre, bois penchant,
Votre caresse est vaine, et, vide d'allégresse,
Mon chant ainsi qu'un glas les poursuit au couchant !

A MASSENET

Après la première représentation de Manon, à Lille.

O Massenet, ô maître, ô poëte, ô génie,
Glorieux pèlerin d'une route bénie,
Jeune et plein de passé, grand et plein d'avenir,
Daigne accepter ces vers où vit ton souvenir,
Ces vers laborieux dont la forme ingénue
Appellent le sourire. Une main inconnue
Les fit à ton dessein, voulant, dans cet envoi,
Se servir d'une langue au moins digne de toi.
Montre-toi favorable à ma muse anonyme,
O maître, réponds-lui, comme la nef sublime
Qui, voguant dans la gloire et les feux du matin,
Accueille quelquefois le hèlement lointain
Des mariniers errants sur leurs dunes de sable.
Songe que ta fortune à la sienne est semblable.
Comme elle, l'on t'acclame et l'on te suit des yeux
Quand, traçant vaillamment ton sillon radieux,
Tu passes, défiant l'envie et le naufrage ;

C'est que, si cette gloire est ton bien, ton ouvrage,
Fruit que mûrit l'espoir de tes rêves féconds,
Ton nom n'est plus à toi ; nous le revendiquons
Comme l'eau, comme l'air qui gonfle nos cœurs d'hommes,
Comme la liberté sous les grands cieux. Nous sommes
Heureux de ton bonheur et fiers de ta fierté,
Et tu te meus vivant dans l'immortalité.
Tu le sais, toi qu'anime une secrète flamme,
Toi qui sens résonner la lyre de ton âme
Avec un expressif et douloureux accent,
Au moindre vent qui vient l'effleurer en passant,
Tout ce qui vibre en toi vibre en nous, loi secrète
Qui joint l'âme du peuple à l'âme du poëte
Ainsi qu'un fraternel et mystique chaînon,
Et, comme Des Grieux reconnaissant Manon
A cet instinct puissant qui dominait son être,
Guide vers le génie et le fait reconnaître.

Oh, lorsque, l'autre soir, nous écoutions, penchés
Sur ce drame émouvant de leurs transports cachés,
Chanter cette musique adorable, amoureuse
Où Manon, tour-à-tour cruelle et malheureuse,
Cœur qui souffre d'aimer et ne peut oublier,
Appelle de ses vœux « son pauvre chevalier » ;
Quand nous voyions marcher, quand nous voyions revivre,
Comme un rêve éthéré dont notre esprit s'enivre,
Ce fantôme idéal, douce création
Faite de vain caprice et d'âpre passion,
Éternel féminin, démon qui touche à l'ange,
Et d'autant plus humain qu'il semble plus étrange, —
Comme nous nous taisions en ce grave moment,
Comme tous, abîmés dans le recueillement,

Ainsi qu'une forêt aux brises balancée,
Nous sentions l'ouragan de ta propre pensée
Qui pénétrait en nous, chaud d'inspiration !
Mais aussi, quelle franche et large ovation,
Succédant tout-à-coup à ce même silence,
Fit au bruit des bravos trembler la salle immense !

Mais tout celà n'est plus. Dure fatalité,
On revient tôt ou tard à la réalité.
Quel que soit l'idéal et quel que soit le rêve,
Ils passent plus légers que la bulle qui crève,
Et nous restons pensifs, pleurant la vision
Perdue ! — O créateur, souffleur d'illusion,
Toi qui fais nous parler avec des voix câlines,
Qui formas, pour peupler nos veilles orphelines,
Tous ces esprits dansants sur la gamme des tons,
Spectres brillants des nuits où nous nous agitons,
Ouvrant sur l'infini des portes magnifiques,
Tu nous laisses goûter des concerts séraphiques,
Tu charmes nos instants, tu nous remplis le cœur
D'une délicieuse et suave liqueur,
Tu nous ravis parmi des mondes d'harmonie,
Et puis nous retombons dans la monotonie
Des mornes lendemains qui reviennent toujours,
L'amertume des nuits sans sommeil, et des jours
Banals et dénudés comme une solitude.
Mais qu'importent l'ennui, le spleen, la lassitude ?
Nous savons nous soustraire aux rancœurs d'ici-bas,
Non pas par le poison de l'opium, non pas
Par l'ivresse stupide où l'on trompe sa fièvre :
La coupe est toujours là, tout près de notre lèvre ;
C'est toi qui nous la tends, subtil magicien,

O savant endormeur du regret ancien.
Tu nous verses, au lieu d'une trompeuse absinthe,
L'enthousiasme ardent, l'exaltation sainte
Qui fait qu'à l'espérance on se reprend encor,
L'extase et non l'oubli, la vie et non la mort !

LES RELIGIEUSES.

Par les longs corridors du pieux monastère,
Elles vont, d'heure en heure, adorant ou rêvant.
Les saints de marbre ont seuls cette attitude austère.

Nul souffle du dehors. Ici rien n'est vivant.
Nul battement, nul cri de joie ou de souffrance,
Par un écho lointain apporté par le vent.

Elles ont cuirassé leur cœur d'indifférence,
Et sur ces tristes murs le visiteur lirait :
« Vous qui venez ici, laissez toute espérance. »

Et pourtant, que de pleurs étouffés en secret,
D'humiliations, de révoltes amères,
Que de ressouvenirs qu'on écarte à regret !

D'autres ont des époux, des enfants et des mères,
Et des amis heureux sur leur seuil respecté.
D'autres ont l'avenir, les riantes chimères,

Les doux propos d'amour, les fleurs, la volupté,
Et les sons argentins des vives mandolines
Riant sous les balcons pendant les soirs d'été.

Elles, vont châtiant à coups de disciplines
Des désirs fous, toujours renaissants comme un feu,
Elles sont sans amis, elles sont orphelines.

Épouses sans époux, houris d'un pacha-Dieu,
D'un devoir monstrueux volontaires victimes,
A jamais au bonheur elles ont dit adieu.

La règle leur défend ces entretiens intimes
Où le cœur, dans un cœur plus triste s'absorbant,
Lui verse le trésor des dévouements sublimes.

Parfois l'une s'en vient errer, au jour tombant,
Dans le jardin, où l'arbre à la brise s'effeuille,
Et s'assied, toute seule, à l'ombre, sur un banc.

Là, dans la paix du soir son âme se recueille,
Et, comme le ramier vers le bleu firmament,
Vers le pays aimé fuit, sans qu'elle le veuille.

Mais la cloche a sonné. Lugubre tintement !
C'est l'Angelus du soir, c'est Dieu qui la rappelle.
Et, triste, elle se lève et s'en va lentement.

Ses sœurs ont regagné leur place à la chapelle,
Le rosaire à la main, balbutiant tout bas,
Ainsi qu'une leçon qu'un écolier épèle.

Pas de fleurs dans la nef, pas d'orgue aux longs éclats,
Pas de vitraux flambants, rien que ce grand cadavre
Sur l'autel dénudé tendant ses maigres bras.

Elles chantent un chœur, mais d'une voix qui navre,
Enfantine, naïve et rhythmée. Ainsi font
Des matelots hissant la voile dans un havre.

Puis quelqu'une viendra lorsque du parc profond
Minuit réveillera l'horloge taciturne,
Sur ces marches de bois frapper trois fois son front,

Et, sous le blanc reflet d'une lampe nocturne,
S'abîmant toute entière en contemplation,
Épanchera son cœur, comme s'épanche une urne.

Ainsi coulent leurs jours, faits d'abnégation,
Car il faut bien voiler d'une apparence sainte
Ce gouffre de néant et de dérision.

Mais, pour l'homme hardi qui contemple sans crainte
La mâle majesté du devoir, de l'effort,
Pour qui croit en lui-même, — en cette morne enceinte,

Hélas, ce n'est pas Dieu qui règne, c'est la Mort.

LA DANSE DES ELFES.

PANTOUM.

Le zéphyr retient son haleine.
L'alouette vole à l'azur. —
Dans l'air, dans les bois, dans la plaine,
Quel est ce chant suave et pur ? —

L'alouette vole à l'azur,
Piquant l'air de sa note brève. —
Quel est ce chant suave et pur ?
Un brouillard d'or là-bas s'élève. —

Piquant l'air de sa note brève,
Le grillon chante les vergers. —
Un brouillard d'or là-bas s'élève :
C'est l'essaim des elfes légers. —

Le grillon chante les vergers
Qu'avec grâce le soleil perce. —
C'est l'essaim des elfes légers :
Au sommet des lys il se berce. —

Qu'avec grâce le soleil perce
Sur cet étang au flot nacré ! —
Au sommet des lys il se berce
Comme un long voile déchiré. —

Sur cet étang au flot nacré
Volez, ô libellules vertes. —
Comme un long voile déchiré,
Ils suivent les fleurs entr'ouvertes. —

Volez, ô libellules vertes,
A l'ombre des bruns marronniers. —
Ils suivent les fleurs entr'ouvertes,
La pourpre des rayons derniers. —

A l'ombre des bruns marronniers
J'entends un merle virtuose. —
La pourpre des rayons derniers
Illumine leur aile rose. —

J'entends un merle virtuose,
Puis, tout meurt ; plus rien, plus un chant. —
Illumine leur aile rose,
O splendeur du soleil couchant. —

Puis, tout meurt ; plus rien, plus un chant,
Dans l'air, dans les bois, dans la plaine. —
Aux splendeurs du soleil couchant,
Le zéphyr retient son haleine. —

BERGERIE.

L'aube blanchit le toit de sa clarté première.
C'est l'heure où l'on conduit les chevaux au labour.
Tout s'éveille, tout chante et rit à la lumière,
Les moineaux dans la grange et les coqs dans la cour.

Les pieds dans ses sabots, la joyeuse fermière
Descend vers le bercail, levée avant le jour.
Les brebis, à l'appel de sa voix coutumière,
Bêlent ; elle les compte au sortir, tour-à-tour.

Les mères vont suivant leurs agneaux qui bondissent ;
Les chiens aboient ; le long des sentiers qui verdissent,
Voici les pastoureaux, leur baguette à la main,

Qui sifflent dans leurs doigts ou qui cueillent des baies,
Tandis que mon œil suit, au bord fleuri des haies,
Leur groupe qui décroît au détour du chemin.

BELGERIE.

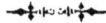

Le sourire divin d'un enfant endormi,
L'humble aveu que soupire une vierge éplorée,
L'électrique regard d'une femme adorée,
La plainte d'un cœur tendre et l'adieu d'un ami,

Le bord du firmament par l'aurore blèmi,
La rive de l'étang par le soir mordorée,
Ont une saveur douce et du peuple ignorée
Dont une âme d'artiste a bien souvent frémi ;

Mais rien ne charme plus un rêveur famélique
Que d'aller, seul, manger sous l'orme, au cabaret,
Devant un vidrecome empli de gin clairet,

Une dinde fumante et pantagruélique,
Bien grasse au pourléchas, friande, et, par-dessus,
Quelques croûtons dorés rissolants dans leur jus.

PREMIER RAYON.

La douce Aurore vient de naitre
Sous les roses de l'Orient,
Et voici que par ma fenêtre
Le soleil entre en souriant.

Comme une langoureuse chatte
Distend ses membres assoupis,
Je vois glisser sa blancheur mate
Sur le velours de mon tapis.

Elle met des reflets fantasques
Dans mon appartement obscur,
Et réveille l'éclair des casques
Qui dorment, pendus à mon mur.

Salut, ô père de la sève,
Reconnais ton œuvre joyeux !
Et dans l'or du rayon j'élève
Ma coupe pleine de vin vieux ;

Et, sous le cristal qui s'embrase
La pâleur ardente du vin
Semble un fragment de chrysoprase
Fondu dans un creuset divin.

DOUCEUR DES LARMES.

Comme on voit briller, en tremblant,
Un sourire dans une larme,
Au fond d'un cauchemar troublant
Parfois git un étrange charme :

Mot d'amour, doux et consolant,
Tendre amitié qui s'alarme,
Baiser d'une enfant au front blanc
Qui fond la haine et la désarme.

Mieux vaux souffrir que n'aimer pas.
Le bonheur s'achète ici-bas
Par la douleur et par l'épreuve

L'insensé qui bâille et qui rit,
Son cœur est une pierre neuve
Où les anges n'ont rien écrit.

BLUETTE

IMITÉE DE COLERIDGE.

Un tiède rayon perce le feuillage,
Craintif et changeant comme un amoureux,
Et déjà voici qu'un oiseau joyeux
S'ébat à travers la clarté volage.

Est-ce un oiseau-mouche ? Est-ce un bengali ?
Son bec est d'or mat, ses yeux de topaze,
Sa gorge ondoyante au soleil s'embrase
Avec des reflets lapis-lazuli.

Sous le dôme vert que l'aurore mouille,
Où pend la rosée en gouttes de feu,
Il monte et descend, le bel oiseau bleu,
Frétille, et culbute, et vole, et gazouille.

Il dit : Tout mourra. Les printemps sont courts,
La rosée en pleurs tombera des branches,
Les pommiers perdront leurs couronnes blanches,
Les gazons verront pâlir leur velours.

Il dit : Profitez du jour qui s'achève,
Souriez, aimez, chantez, jouissez.
Puis il prend son vol. Où donc ? Je ne sais.
Était-ce un ami ? N'était-ce qu'un rêve ?

ENTERREMENT DE WATTEAU

PAR LES AMOURS

(d'après un texte en prose des frères de Goncourt).

Or, c'était carnaval à Venise « la folle ».
Sur la lagune claire une rouge(1) gondole,
Longue et svelte, glissait comme un cygne sur l'eau.
Sur le rostre, on lisait : Obsèques de Watteau
Aux dépens du Sénat et de la République.
Elle allait, conduisant l'orgueilleuse relique
Vers le Lido bruyant, que battent les flots sourds.
Au dedans, on voyait une troupe d'Amours,
Amours qui, s'appuyant des deux mains en arrière,
Glissant avec les reins par dessus la rivière,

---

(1) A Venise, les « corbillards d'eau » sont rouges. Th. GAUTIER. *Voyage en Italie.*

Lutinaient d'un seul pied les caresses de l'eau,
Et d'autres qui, penchés sur ce mouvant tableau,
Riaient d'y voir paraître et trembler leur image.
Amours qui regardaient cheminer un nuage,
Amours qui, le cul nu posé sur un talon,
Leur aile frissonnante aux baisers d'Aquilon,
Autour de leurs genoux joignaient leurs mains nouées ;
Amours, leurs boucles d'or par le vent secouées,
Leurs petits cous au vent, au vent leurs ventres blancs,
Qui chancelaient, debout sur leurs mollets tremblants ;
Amours, qu'on voit, de l'air le plus grave du monde,
Attentifs à traîner sur l'écume de l'onde
Les grands cordons cousus aux quatre coins du dais,
Un pli de graisse au ventre, un pli sous les jarrets ;
Amours, tenant le bout de leur gentil pied rose ;
Amours, distraitement écoutant quelque chose,
Les bras croisés, ainsi que des Césars Romains,
Ou les doigts sur la joue et le menton aux mains ;
Amours qui, sur leur arc passé sous une cuisse,
Laissaient se balancer leur jambe à son caprice ;
Amours, couchés par terre, et le nez écrasé,
Leur dos rouge aux rayons du soleil embrasé,
Qui roulaient dans leurs doigts des touffes d'immortelles ;
Amours qui, s'ébattant comme des locustelles,
Levant avec effort le poêle aux angles lourds,
S'en allaient se cacher dans le coin du velours ;
Amours qui s'accoudaient sur la bière profonde,
Sur leur bras replié couchant leur tête blonde,
Avec l'insouciance exempte de remords
Qu'ont les petits enfants près du chevet des morts
Et qui met la candeur du rire auprès des larmes,
Cependant que, portant, ainsi qu'aux fêtes d'armes,

Ces hauts tambours voilés des siècles d'autrefois,
D'autres Amours, ayant sur le dos leur carquois,
Et revêtus d'habits de deuil, comme des frères,
Battaient lugubrement des marches funéraires.

A MADAME ***

Madame, à contempler vos manières exquises,
Votre grâce savante et coquette, on croirait
Revoir, ainsi qu'en rêve, une de ces marquises
Dont le divin Watteau nous laissa le portrait.

Oui, c'est bien le cachet d'élégance suprême
Et la désinvolture, et les attraits vainqueurs
De ces reines d'amour qui, bravant l'oubli même,
Jusqu'au seuil de ce siècle ont fait battre des cœurs.

Comme elles, vous aimez le luxe, la toilette,
Les froissements de l'air dans les plis du satin,
La soie, et, quand le feu des lustres s'y reflète,
L'éclat des diamants qui relèvent le teint.

Pareille, en sa blancheur nacrée et souveraine,
A cette main, si douce et cruelle à la fois,
Qu'on parfumait d'onguents, et qu'on daignait à peine,
Ainsi que par pitié, tendre aux baisers des rois,

Votre main, de Suède étroitement gantée,
Manœuvre, avec quel art ! votre éventail léger,
Où rit, par un pinceau naïf représentée,
Mainte bergère assise auprès de son berger.

En un soulier de fée enfermé sans entraves,
Votre pied qui se cambre ignore, en son mépris,
Comme un bey chevauchant sur un tapis d'esclaves,
Les muets dévouements sous son talon meurtris.

Ainsi qu'on voit, autour d'un miroir de Venise,
Voltiger en guirlande une troupe d'Amours,
Plus d'une âme ici-bas, de vos charmes éprise,
Autour de vos beaux yeux sent graviter ses jours.

Vous prêtant l'un à l'autre une aide mutuelle,
Votre image embellit le toit par vous hanté,
Et l'art, où votre goût délicat se révèle,
Étend autour de vous son mirage enchanté :

C'est un coffret de laque, une miniature
De vieux Saxe, un sachet d'ambre ou de new-mon-hay ;
Et, comme vous disiez, c'est votre signature
Que ce bouquet qui meurt dans un coin, mi-fané.

ENVOI.

Princesse, vous n'étiez pas faite pour notre âge,
Vous n'êtes pas du siècle ; et, dût-il m'en coûter
D'imputer à mon temps un grief qui l'outrage,
Votre esprit suffirait pour en faire douter.

PROMENADE.

Parfois, quand revient Mai, le Dimanche, fuyant
La ville, ce « désert d'hommes » vide et bruyant,
Et la foule, aux plaisirs vulgaires asservie,
Et tout ce vain tumulte où s'émiette la vie,
Je m'en vais, seul, goûter la paix triste des champs.
J'en conviens, j'ai pour eux de dangereux penchants.
L'amour de la retraite est de ceux que l'on blâme.
Malheur à l'imprudent qui laisse aller son âme,
Comme un homme qui dort, perdu sur un lac vert,
A ce brouillard du songe où la vigueur se perd.
Qu'importe ! J'ai besoin d'extases inconnues.
Je marche devant moi, suivant le vol des nues.
Je prends des chemins creux, bizarres, contournés,
Où, berçant doucement leurs rameaux inclinés,
Les blancs génévriers, les épines rosées,
Écrins que le matin emperle de rosées,
Urnes d'où s'évapore un volatil encens,
D'une magique ivresse enveloppent mes sens.
La plainte des hameaux, par le vent cadencée,
Etouffe la rumeur de ma propre pensée.

Tout me semble charmant, tout m'attire : un oiseau
Qui fait en s'y posant se courber un roseau,
L'éclat d'un papillon, le sanglot d'une source.
Je m'arrête un instant, puis je reprends ma course.
Une rivière est là, pittoresque tableau :
Je la suis, regardant dans les moires de l'eau,
Où filtrent des clartés volages et sans nombre,
Les jeux mystérieux du soleil et de l'ombre. —
Les libellules font mille zigzags dans l'air, —
Une vitre en s'ouvrant jette un rapide éclair,
Et mon œil entrevoit, sous les feuilles cachée,
Quelque blanche villa, d'iris empanachée.
Suis-je las ? Je choisis un tertre de gazon
Et m'assieds, satisfait d'entendre, à l'horizon,
Comme l'accent pieux du passé qui s'élève,
Quelque cloche tinter, perdue au fond d'un rêve,
D'écouter murmurer les insectes du soir
Sous l'herbe aux tons luisants qui frissonne, ou de voir,
Loin, dans l'air imprégné de senteurs bucoliques,
Les ailes d'un moulin tourner, mélancoliques.

AU DÉSERT.

I.

Immense, morne, ainsi qu'une mer sans rivages,
Le désert flambe au loin sous le ciel éclatant.
Vers l'oasis prochaine où leur ksour les attend,
Les Slass s'en vont, montés sur leurs chevaux sauvages.

Tout le jour, fatigués de meurtre et de ravages,
Ils ont vengé les leurs tombés en combattant,
Et, leur haine assouvie, ils rentrent, emportant
Les vierges qu'on destine aux hideux esclavages.

Tristes fruits du désert, mûris pour la douleur,
Leur beau col qui se pâme, en sa mate pâleur,
Semble de bronze clair sur ces poitrines bistres.

La nacre des colliers luit d'un reflet changeant,
Et l'on entend sonner avec des chocs sinistres,
Les riches moukhalas damasquinés d'argent.

II.

Le jour tombe. Voici l'heure où l'homme et la plante
Aiment à s'alanguir sous la tiédeur des cieux,
Où l'Arabe à genoux courbe son front pieux.
Les blancs coursiers ont pris une allure plus lente,

Et, rhythmant sur leur pas sa pensée indolente,
Berçant d'un vague espoir son cœur silencieux,
Chaque guerrier chemine, interrogeant des yeux
L'horizon que le soir de sa poupre ensanglante,

Car, ainsi qu'en un lit de braise incandescent,
Au sein de l'infini le soleil redescend,
Tranquille, environné d'une gloire sereine ;

Il s'abaisse, — et, longtemps, vers l'Occident impur,
Un ruban cramoisi, qui s'allonge et se traîne,
Flotte, immobile et lourd, au milieu de l'azur.

III.

Soudain, dans un lointain de brumes indécises,
Sur le bord d'un lac sombre, une ville apparaît,
Svelte, avec sa coupole et son blanc minaret,
Et ses dattiers penchant leurs feuillages sans brises.

Puis, les lignes des toits se tracent, plus précises, —
Et le rêve est si doux, si trompeur, qu'on croirait,
Telles que des houris au magnétique attrait,
Sur des terrasses d'or voir des femmes assises.

Une rose vapeur s'exhale des houkas ;
Et des nègres, autour de leurs seins délicats,
Balancent à l'envi l'aile fraîche des palmes.

Est-ce là le Djennet par Mahomet promis,
Ou bien e t-ce le ksour où leurs campagnes, calmes,
Appellent les vainqueurs de leurs regards amis ?

IV.

Non, leur race n'a point de palais qu'on envie,
Ni de lacs, ni d'ombrage à la molle senteur,
Ni filles du Djennet au sourire enchanteur.
Liberté, pauvreté, voilà toute leur vie.

Comme une erreur des sens, d'un prompt éveil suivie,
Ils conaissent l'effet du mirage menteur,
Et passent sans regret, fixant avec lenteur
Sur le ciel qui s'éteint leur prunelle ravie.

Flux, reflux, jour et nuit, rêve ou réalité,
Ils savent que tout cède à la fatalité ;
Ils savent que, bien loin du monde qui leur pèse,

Tu gardes à tes fils, ô Prophète divin,
Ta mystique oasis où toute soif s'apaise,
Et que, hors la Prière et Toi, le reste est vain.

V.

Tout est fini. Partout le sable recommence,
Et l'ombre redescend à leurs yeux familiers.
Ainsi qu'une mosquée aux ténébreux piliers,
La nuit au-dessus d'eux étend son dôme immense.

Dans les champs de l'éther que sa main ensemence,
Elle fait se lever les astres par milliers.
Innombrables splendeurs ! Les hardis cavaliers
Saluent trois fois Allah, d'où part toute clémence ;

Et bientôt, soulevés sur leurs longs étriers,
Ils s'excitent entre eux avec des cris guerriers
Et brandissent le cuir recourbé des lanières ;

Et, sous les coups pressés qui font saigner leur flanc,
Les coursiers vont, dressant leurs poudreuses crinières,
Parmi le tourbillon d'un nuage aveuglant.

VI.

Sur un roc isolé que le désert embrasse,
Voici le ksour, rempart de leur farouche orgueil.
Ils s'avancent, joyeux ; mais quel lugubre accueil
Les attend aux lieux même où s'abritait leur race ?

Des pillards ont passé, laissant leur rouge trace.
Partout l'aridité, l'incendie et le deuil.
Les petits enfants nus gisent sur chaque seuil,
Flétris, tordus, noircis par la flamme vorace!....

Ils ne murmurent point; sombres, épouvantés,
Ils marchent, au milieu des corps ensanglantés,
Cherchant de leur foyer la place accoutumée;

Mais rien ne leur répond dans leur isolement.
Seule, obscurcissant l'air, une longue fumée
Vers le bleu de la nuit monte paisiblement.

SOLEIL DE MARS.

Le soleil de Mars s'emmitoufle
D'un macfarlane de brouillard.
Au bas du ciel la bise souffle.
Sans feu, le pied dans sa pantoufle,
Tel grelotte un frileux vieillard.
D'un macfarlane de brouillard
Le soleil de mars s'emmitoufle.

Avec son masque enfariné,
Il a le teint piteux et blême
D'un pierrot ayant bien dîné,
Qui se lève, encore aviné,
Un lendemain de mi-carême.
Il a le teint piteux et blême
Avec son masque enfariné.

Il pense, songeur spléenétique,
A ces jours, hélas, écoulés,
Où ses quatre chevaux ailés
Conduisaient son char fantastique.

O ciel de Zeus ! Champs de l'Attique !
A ces jours, hélas, écoulés,
Il pense, songeur spléenétique.

Où donc avez-vous pris l'essor,
O grâce, ô force triomphante ?
Où son arc, où ses flèches d'or
Dont il poursuivait, jeune encor,
Les ombres que la nuit enfante ?
O grâce, ô force triomphante,
Où donc avez-vous pris l'essor ?

Au balcon céleste des nues
Il se penche, non sans mépris :
Il voit de vastes plaines nues,
Des tas de maisons mal venues,
Des usines et des murs gris.
Il se penche, non sans mépris,
Au balcon céleste des nues.

Ah, deuil et sang ! vieillir ainsi
Devant cet ennuyeux spectacle !
Éternellement, sans merci,
Vivre seul, chargé de souci,
Voir grouiller l'humain habitacle !
Devant cet ennuyeux spectacle,
Ah, deuil et sang ! vieillir ainsi !

Pour calmer son vieux cœur qui souffre,
Encor s'il pouvait convoler,
Ou s'il pouvait, comme en un gouffre,
Dans les flots de la mer de soufre,

La tête en bas, dégringoler !
Encor s'il pouvait convoler
Pour calmer son vieux cœur qui souffre !

Mais il n'aime qu'une infidèle,
C'est la Lune, qui l'a tenté.
Sans pouvoir se rapprocher d'elle,
Il la poursuit, amant modèle,
Depuis toute l'éternité.
C'est la Lune qui l'a tenté,
Mais il n'aime qu'une infidèle.

« Et pourtant, dit-il, je m'essoufle
» A ce jeu de colin-maillard.
» Avec ta face de maroufle,
» Toi, plaire à deux beaux yeux ? Pantoufle !
» Allons, couche-toi, vieux paillard ! »
Et dans son manteau de brouillard
Le soleil froid se remmitoufle.

PAYSAGE LUNAIRE.

Derrière la hauteur dont j'ai franchi la cime,
Le val vertigineux à mes pieds s'élargit,
Entre la terre et moi mettant comme un abime, —

Et voici que la lune à l'horizon surgit !

Elle est là, je la vois. Sa clarté qui m'inonde
Ruisselle entre mes doigts comme un fleuve argenté.
Où suis-je ? Le sol manque. O volupté profonde,
Suis-je emporté vers elle en un rêve enchanté ?

  O Lune morne et solitaire,
  Symbole d'éternel ennui,
  Qui t'élèves avec mystère
  Comme l'ostensoir de la nuit,

  N'est-tu pas la lucarne ronde
  Reluisant au flanc d'une tour,
  Où quelque vierge pure et blonde
  Vient s'asseoir à la fin du jour,

Triste beauté, fleur printanière
Qu'un sombre nécromancien
Loin du soleil tient prisonnière
Dans quelque manoir ancien ?

Je vois contre la vitre pâle,
Se dessiner son front charmant
Où brille une céleste opale
Dans un cercle de diamant.

Un collier de perles se noue
Autour de son col gracieux,
Perles moins blanches que sa joue,
Moins humides que ses beaux yeux.

En vain, pour adoucir sa peine,
Des esclaves noirs tour-à-tour
Chantent, et sous leurs doigts d'ébène
Font vibrer les violes d'amour ;

Elle ne veut pas les entendre
Et vers les plaines d'ici-bas
Se penche, comme pour attendre
Un justicier qui ne vient pas.

Hors de la fenêtre s'incline,
Toute prête pour un amant,
Une échelle de mousseline
Faite avec un rayon dormant.

Hélas, que ne puis-je pas être
Le troubadour heureux, aimé,
Qui vient chanter sous sa fenêtre
Pendant les calmes nuits de Mai !

Pour la sauver et la défendre,
Que ne suis-je pas chevalier !
Sur l'instant on me verrait prendre
Mon épée et mon bouclier,

Et, le cœur dévoré d'envie,
J'irais, à travers le trépas,
A ses pieds exhaler ma vie,
Ou l'emporter entre mes bras !

RÊVERIE.

Quand le soleil, baigné de soufre et d'amarante,
Teint le dôme infini de sa couleur mourante,
Oh, si vous m'en croyez, d'un esprit curieux,
Mes amis, admirez le spectacle des cieux.
Heureux qui sait, devant cette éternelle fête,
Goûter des voluptés d'artiste et de poëte,
Qui s'assied solitaire, et regarde en rêvant
Les nuages du soir promenés par le vent,
S'attarde à contempler le beau reflet orange
Qui se joue autour d'eux comme une ardente frange,
S'enivre de lumière, ou suit avec amour
Le bord marmoréen de leur savant contour,
Comme un homme explorant, à pied sur le rivage
Les sinuosités d'une côte sauvage.
Cherchez à découvrir, dans ces changeants émaux,
Des types disparus d'hommes et d'animaux.
Voyez se dessiner, dans le lin des nuages,
Tels que ces gracieux et calmes paysages
Qu'a tissés sur nos murs l'art des vieux Gobelins,
Tout un tableau roussi de tons crépuscalins.

Du bout du ciel en feu, comme des avalanches,
Regardez cheminer ces grandes formes blanches :
N'ont-elles pas l'aspect de quelqu'ilôt géant
Perdu parmi les flots d'un immense océan ?
Plus loin, comme un vaisseau qui déploierait ses voiles
Sur une mer d'azur, quand les chastes étoiles
Allument leurs fanaux au fond de l'air brumeux,
Passe quelque nuée au sillage écumeux.
Près d'elles, découpant la grâce de leurs lignes,
Comme autour d'une barque on voit nager des cygnes,
De rosâtres vapeurs suivant sa flottaison, —
Tandis qu'une arche d'or s'abaisse à l'horizon.

Ainsi, les yeux fixés sur ces coursiers du rêve,
Oubliez, s'il se peut, et l'heure qui s'achève,
Et la terre, et la vie, autre rêve sans fin.
Vous-même, par delà le céleste confin,
Bondissez derrière eux sur l'aile des chimères,
Mais ne demandez point à ces cieux éphémères
Rien qui soit absolu, rien qui soit éternel.
N'allez point, soulevant ces voiles du réel,
Ces courtines d'Isis sur nos fronts suspendues,
Vous perdre par delà les noires étendues,
Car votre esprit, rempli d'un fantastique effroi,
Y trouverait le doute en y cherchant la foi.
Car un vide mortel règne au sein de l'espace,
Car rien n'est éternel, au fond, que ce qui passe,
Car tous ces avatars dont vos yeux sont témoins,
Tous ces faits, tous ces jours, vous n'en vivez pas moins.
Faites comme l'Arabe accroupi sous sa tente,
Qui, lorsqu'il a prié, se résigne à l'attente ;
Indifférent au sort, il ne s'inquiète pas

Si la coupe est en haut et les lèvres en bas ;
Sous cet abri couvert d'épaisse toile grise
Que fait ployer le souffle onduleux de la brise,
Et qui chatoie ainsi qu'un second firmament,
Il fume son houka silencieusement,
Regardant la vapeur, de minute en minute,
Monter, puis se courber en épaisse volute,
Et s'épandre dans l'air comme un nuage d'or, —
Sourit, penche le front, et doucement s'endort.

BALLADE DE LA CLOCHE.

Alerte ! Voici la cloche qui tinte.
Debout, écuyers, pages et barons ;
Ajustez le heaume et les éperons,
Les barbares sont dans la ville sainte.
Nous les compterons, quand nous y serons.
France, Vermandois, — Vermandois, Lorraine !
Quel que soit le but où Dieu nous entraine,
Sus aux mécréants par lui condamnés.
Sonnez par les bois, sonnez par la plaine,
    O cloches, sonnez !

Sous les peupliers, au bas de l'église,
La main dans la main, les yeux dans les yeux,
Deux amants se font les derniers adieux.
Ah, dit-il, le sort jaloux nous divise,
Mais un mot, un seul, et je pars joyeux.
Quand j'habiterai la terre lointaine,
Te souviendras-tu, dis-moi, Madeleine,
Des serments reçus, des baisers donnés ?
Sonnez par les bois, sonnez par la plaine,
    O cloches, sonnez !

Sonnez. Entends-tu les cloches ? dit-elle ;
Par ces voix du Ciel, calme ton émoi,
J'en fais les témoins sacrés de ma foi,
Pauvre ami. Mon cœur, à ton cœur fidèle,
Ne veut ici-bas d'autre époux que toi.
Mais si cependant ma prière est vaine,
Si je dois te perdre, ah, que la mort vienne,
D'autres cieux là-haut nous sont destinés.
Sonnez par les bois, sonnez par la plaine,
    O cloches, sonnez !

Cinq ans sont passés. La croisade cesse.
L'époux qu'elle attend n'est pas revenu ;
Mais son faible cœur s'est mal souvenu ;
Elle a tout trahi, foi, beauté, jeunesse,
Pour un grand seigneur, pour un inconnu.
Celui qu'elle épouse est un capitaine ;
Il habite, au loin, un vaste domaine
Aux lambris couverts d'écus blasonnés.
Sonnez par les bois, sonnez par la plaine,
    O cloches, sonnez !

L'orgue retentit. L'église est en fête.
Son époux est là, près d'elle, paré.
Il lui met au doigt un anneau doré.
Elle redescend le porche et s'arrête :
O le beau soleil, le ciel azuré !
Les vierges s'en vont, en fichus de laine,
Cueillant le muguet et la marjolaine
Par les verts sentiers tout enrubannés.
Sonnez par les bois, sonnez par la plaine,
    O cloches, sonnez !

Ah! ces voix d'airain qu'emporte la brise,
Comme elles se font l'écho du passé !
N'est-ce pas la voix de son fiancé
Qui parle d'adieux et de foi promise ?
Elle met sa main sur son front glacé. —
« Qu'as-tu, mon amour ? » « Rien, dit Madeleine »
Mais elle se pâme au bras qui l'emmène,
Livide, parmi ses gens consternés.
Sonnez par les bois, sonnez par la plaine,
   O cloches, sonnez !

Elle est seule, au fond de sa burg. Le maître
Pourchasse l'auroch et l'ours meurtrier.
Près d'elle s'endort son grand lévrier,
Et son page, assis devant la fenêtre,
Au son du rebec chante un lai guerrier.
Mais quel tintement de cloche soudaine
Vient troubler le cœur de la châtelaine
Et mêle aux refrains ses glas obstinés ?
Sonnez par les bois, sonnez par la plaine,
   O cloches, sonnez !

« Cesse ta ballade, ami, je t'en prie,
Le bruit des combats me trouble et m'émeut. »
« Je te dirai donc, si ton cœur le veut,
Quelque beau couplet de chevalerie,
Comme la chanson de la reine Yseult. »
« Non, non, grâce, ami ; point de cantilène ;
De rêves fleuris ta jeune âme est pleine,
Moi, tous mes beaux lys d'amour sont fanés. »
Sonnez par les bois, sonnez par la plaine,
   O cloches, sonnez !

Un homme en haillons dans la cour mendie.
Il vient de bien loin, là-bas, en marchant,
Tourné vers son astre et vers le couchant,
Dit-il. C'est un fou. Qu'on le congédie.
Prends ce sou, pauvret. Mais, en se penchant,
L'hôtesse a pu voir, dans la nuit sereine,
Comme deux poignards sortis de leur gaîne,
Deux yeux menaçants vers elle tournés.
Sonnez par les bois, sonnez par la plaine,
  O cloches, sonnez !

Dieu ! Si c'était lui ! C'est lui, dit la cloche,
Lui, ton fiancé, lui, ton jeune amant :
« Cloches, qui sonnez pour mon châtiment,
Dites s'il pardonne, et si l'heure approche
Où je pourrai voir finir mon tourment.
Exauce mes vœux, Vierge, ma marraine,
Je te donnerai, pour cette neuvaine,
Deux bracelets d'or de rubis ornés. »
Sonnez par les bois, sonnez par la plaine,
  O cloches, sonnez !

Sonnez ! Madeleine est enfin bénie :
Un enfant sourit dans son berceau blanc.
Pour le voir, sa main soulève en tremblant
Les rideaux de lin. Amère ironie !
Sa prunelle couve un regard troublant
D'une expression qui n'est pas la sienne.
De qui tiens-tu donc, avorton de haîne,
Ces grands yeux cruels et passionnés ?
Sonnez par les bois, sonnez par la plaine,
  O cloches, sonnez !

Sonnez, car voici le jour du baptême.
Mais, sourde à la joie, en son deuil profond,
La mère pâlit et penche le front.
Son enfant est là, vivant anathème,
Lui reprochant l'être ainsi qu'un affront.
Hélas ! j'avais moins mérité ma peine,
Dit-elle. Viens donc, ô mort souveraine,
Et que mes péchés me soient pardonnés.
Sonnez par les bois, sonnez par la plaine,
    O cloches, sonnez !

L'amour est vengé. Madeleine est morte ;
Et, sous la nef sombre aux piliers puissants,
Les vases sacrés balancent l'encens.
Déjà le cercueil repasse la porte.
Écoutez dans l'air ces tristes accents :
Sourde, lente, ainsi qu'une plainte humaine,
La voix de la cloche halète et se traine
Jusqu'au champ où tous nous serons menés.
Sonnez par les bois, sonnez par la plaine,
    O cloches, sonnez !

Juin 1886.

TABLE DES MATIÈRES.

	Pages
Prologue au Lecteur	5
Soleils de Juin	7
L'Hiver	9
La Revanche de l'Homme	14
Paysage d'Hiver	18
Mater Dolorosa	19
Ægri Somnia	22
Soirs de Rêve	25
Fumée de Pipe	27
Fleur d'Églantier	33
Esquisse	35
Autre Esquisse	37
Sonnet triste	39
Sur le Sommet de la Montagne	40
Chant païen	45
Névrose	47
Le Jour des Morts	50

Ode a la Mer	53
Sextine : Taïmaha	57
A Massenet	59
Les Religieuses	63
La Danse des Elfes : Pantoum	66
Bergerie	68
Belgerie	69
Premier Rayon	70
Douceur des Larmes	72
Bluette imitée de Coleridge	73
Enterrement de Watteau par les Amours	75
A Madame ***	78
Promenade	80
Au Désert	82
Soleil de Mars	87
Paysage Lunaire	90
Rêverie	93
Ballade de la Cloche	96

LILLE. IMP. L. DANEL.

www.ingramcontent.com/pod-product-compliance
Lightning Source LLC
Chambersburg PA
CBHW070309100426
42743CB00011B/2421